사랑이 익어가는 인생길

사랑이 익어가는 인생길

진영학 시집

초승달 글방

序文

인생을 살아간다는 것은 길고 긴 여정이다
삶을 살아오고 살아갈 인생길
가슴속에서 익어가는 사랑을 정으로 승화시키며 살아간다

지천명이 되어서야 세상의 이치를 깨닫고
2막 인생은 지난 세월 회고하며
앞으로 살아가야 할 남은 생을 위해
가슴에 손을 얹고 후회하지 않는 삶을 다짐하며 산다

인생길 그림을 그리는 이유는
경험을 통해 터득한 지혜로 멋진 삶을 살다가
후세들에 좋은 흔적 남기고 떠나야 함을 관조하며
아홉 번째 시집을 독자들께 내놓는다

2024년 9월
서정동 점촌 초승달 글방에서
저자 진 영 학

제1부 당신이 꽃이었으면

序文

고뇌__13
고장 난 세월__14
그리운 사람__15
기다림__16
기도__17
기원__18
나의 길__19
내 마음이 익어가면__20
님 그리며__21
님아__22
당신이 꽃이었으면__23
떠나간 님__24
말해주렴__25
바람이 불면__26
밤비__27
봄비가 그치고 나면__28
빗소리__29
상사화__30
시작(詩作)__31
어젯밤에__32
용기__33
우리 님__34
창가에서__35
홀로 걷는 길__36

제2부 그대 마음 따스했습니다

가슴에 손을 얹고 1_39
가을_40
그대 마음 따스했습니다_41
나그네_42
내 마음에 창_43
누나야_44
누님아_45
당신이 아름다운 것은_46
모래성_47
분봉_48
사랑은 끝이 없는 것_49
사랑은 하얀 마음_50
사랑이 익어가면_51
산다는 것은_52

세월은_53
쇠똥구리 1_54
애심_55
어린이날_56
오늘 밤에_57
정(情) 1_58
정(情) 2_59
정(情) 3_60
행복_61
화가_62

제3부 지천명이 되면

글쓰기 _ 65
기타연주 _ 66
남과 여 _ 67
느림의 미학 _ 68
독백 _ 69
무엇하리 _ 70
믿음 _ 71
사랑은 _ 72
산은 산이요
물은 물이로다 _ 73
살며 살아가며 _ 74
광호야 _ 75
성전 _ 76
쇠똥구리 2 _ 77
식사 _ 78
애물 _ 79
윤회 _ 80
인생(人生) 1 _ 81
인생이란 _ 82
인연이라는 것 _ 83
종소리 _ 84
지천명이 되면 _ 85
진리 _ 86
진실 _ 87
처음처럼 _ 88
화두 _ 89
인문학 _ 90

제4부 누군가 찾아오면

5월의 밤_93
가슴에 손을 얹고 2_94
고향_95
그대와 춤을_96
근심_97
기도_98
노인병원에서_99
누군가 찾아오면_100
누드모델_101
믿음_102
밤 비_103
춘곤증_104
사람의 기도_105
사랑과 전쟁_106

음악_107
인생(人生) 2_108
잃어버린 고향_109
전세_110
착시_111
창을 열면_113
천식_114
청춘_115
초심_116
피아노_117
함박눈이 내리면_118

제5부 그림을 그리는 이유

그림을 그리는 이유_121
짝사랑_122
그 아낙네_123
나는 행복합니다_124
나목_127
단풍 1_128
단풍 2_129
당신_130
물으신다면 말할래요_131
바람과 함께_132
봄비_133
사계_134
사노라면 1_135
사노라면 2_136
사랑의 방정식 1_137
사랑의 방정식 2_138
설거지하며_139
쇠똥구리 3_140
아름다운 아줌마_141
인생(人生) 3_143
인연_144
초록 빛 사랑_145
추억 1_146
추억 2_148
풍경화_149

제1부

당신이 꽃이었으면

고뇌

시를 지으려 우주를 떠다니면
200자 원고지는 술래잡기하던 언어들이
소상*에 가득 찬 꿀처럼 들어앉는데
세 치 혀에 꿈틀대는 움직임 없다

우리 글 깨우치며 쌓인 책들이
눈을 통해 대뇌를 지나 방 가득 쌓이고
그 뜻을 이해하려 탐닉하길 수십 년
많은 언어들이 먼 나라 여행 갔다

치아를 벗어난 말이 전달되지 않고
머릿속에선 쉼 없이 책갈피 넘기는데
그런 줄도 모르는 사랑하는 님은
귓가에 전해올 아름다운 말만 기다린다

*소상 : 벌이 알을 낳고 먹이와 꿀을 저장하며 생활하는 집

고장 난 세월

내 모든 것 싣고
흘러가는 세월 고장 났으면 좋겠다

고장 난 세월 되돌려
깨닫지 못한 인생 다시 살아보고 싶다

살아오며 힘에 겨운 세월 지워버리고
아름답고 행복한 세월만 남겨놓고 싶다

벽에 걸린 시간 멈추어도
세월은 고장 난 내 마음 안고 흘러간다

그리운 사람

그리운 이여
평생 그리워한 못난 사람이
그대를 잊지 못하고
가슴앓이하고 있습니다

바보처럼
그립다 보고 싶다 말 못 하고
멀리 떠나버린 그대 생각에
오늘도 당신을 그리고 있습니다

그리움을 던진 그대여
왜 그리워하냐고 물으신다면
당신을 평생 사랑하고 싶었노라
이제라도 마음을 전하렵니다

기다림

내가 당신을 좋아하기에
그리운 님 내 마음속에 있다

당신을 보고픈 내 마음 안에
그리운 님 가득 차 있다

내가 좋아하기에 보고 싶어
그리운 님 기다리며 산다

오늘도 동네 어귀 눈길 주며
그리운 님 모습 나타나길 빈다

기도

순박하게 사는 내 마음이
그를
아가의 마음처럼 살게 할 수 있을까

인생을 살아오면서
그는
나의 바램처럼 순박한 마음 지니고 살아왔을까

아가는 아가라서
노인은 노인이라서
변할 수 있는 순박한 마음
때 묻지 않은 그대로 세상을 살아갈 순 없을까

기원

콧바람 내 불며
입술 끝 올리지 말라

그 안에 숨겨진 무수한 언어
남몰래 캐느라 뜬 눈 지새운다

미간 찌푸리며
눈에 힘주지 말라

편한 맘 펼쳐도 살기 힘든 인생
꽃 가득한 세상 행복 나누며 살자

나의 길

누가 뭐라 해도
나는
내 길을 가고 싶다

그 길이 험난하여
고통이 따르고
알아주는 이 없어도
정의로운 길이라면
그 길을 가고 싶다

그 길로 가다 보면
삶 앞에 다가오는 유혹
번뇌에 휩싸이는 일들
시험에 들게 하겠지만
모두 떨쳐버리고
잘 산 삶으로 기억되는
그 길에서
삶을 마무리하고 싶다

내 마음이 익어가면

내 마음이 익어가면
살아온 세월을 거울삼아
살아갈 계획을 세우겠습니다

지난날 불필요한 삶의 오점
모두 지워버리고
익어가는 인생길
꼭 필요한 계획만 세우겠습니다

내 마음이 익어가면
설익은 삶에서 얻은 지혜로
황혼 길 멋진 삶 살겠습니다.

1막 인생에서 시도하지 못한
가슴 가득 찬 꿈 풀어내며
농익은 인생길 가기 전에
이승에 추억을 남기겠습니다

님 그리며

거울을 바라보는 내 눈에
님 모습 보인다

살아 계실 적
살짝 닮았다고 했는데
나이테 두르다 보니
님이 거울 안에서
부드럽게 바라본다

거울에 눌러앉은 그님
떠난 자리 채워가며
익어가는 나날들
흰 눈 덮인 머리 결속
깊이 팬 눈가엔
그리움 가득 흐른다

님아

님아
사랑하는 나의 님아

앞만 보고 뛰어온 지난날
되돌아본 그 세월
후회스러운 일도 많았지만
함께 동행 한 이 세상
아름다운 그림 그려보자

님아
사랑하는 나의 님아

청춘이 익어 걷는 황혼 길
사랑으로 채운 텅 빈 가슴
아직도 허허한 삶이지만
우리의 생이 삭제되기 전
기억해 줄 그림 그려보자

당신이 꽃이었으면

당신이 꽃이었으면 좋겠습니다
활짝 핀 꽃이었으면 좋겠습니다

날마다 아침 일찍 일어나
상쾌한 기분으로 대문을 나설 때
예쁜 꽃으로 울안 그 자리에
아름답게 피어있으면 좋겠습니다

당신이 꽃이었으면 좋겠습니다
시들지 않는 꽃이었으면 좋겠습니다

메마른 가슴에 사랑을 뿌리고
두 손 꼭 잡고 함께 거닐며
오순도순 한세상 동행하면서
행복하게 살았으면 좋겠습니다

떠나간 님

그토록
기다리던 그님
먼 데서
아지랑이 타고 찾아와
바다 같은 사랑
그리웠노라 부른 노래
귓가에 생생한데
녹음이 우거지던 날
서산 너머 노을 속으로
접동새 울음소리 따라
봄을 안고 떠나갔다

말해주렴

내 영혼이 거리를 걸어가면
그 길은 걸어갈 길이 아니라고
말해주렴

내 영혼이 하늘을 날거들랑
그곳은 갈 곳이 아니라고
말해주렴

내 살아온 하늘은 아름답지만
아니라고 말해주는 정신
계산기 자판 셈속에 숨고
그저 나만 아니면 된다는 논리
그게 아니라
말해주렴

바람이 불면

내 가슴에 바람이 불면
불 면 은
따스한 훈풍 봄바람처럼 일어나겠지요

내 가슴에 바람이 불면
불 면 은
사랑하는 님 찾아 그리움 채우겠지요

내 가슴에 바람이 불면
불 면 은
그리운 님 가슴에 사랑 가득 담겠지요

내 가슴에 바람이 불면
불 면 은
사랑하는 님과 함께 행복을 엮겠지요

밤비

밤에 비가 내리는 것은
낮엔
눈물을 흘릴 수 없기 때문이다

낮에 비가 내리면
내 사랑하는 분이 떠나가면서
흘리는 눈물이 보이기 때문이다

떠나가면서 눈물을 보이는 것은
보내는 나의 가슴을 아프게 하기에
밤에 비가 내리나 보다

비가 세차게 내리는 밤
창문을 두드리는 빗소리 들으며
떠나간 님 생각에 잠겨 본다

좋았던 추억으로만 간직하고픈
지난날의 일상들이 가슴에 와닿아
촉촉이 내 눈가를 적셔준다

봄비가 그치고 나면

봄비가 그치고 나면
파란 마음 맞이하러
넓은 세상 나가렵니다

가슴속 깊은 연못
가득 찬 사랑 노래
그리운 님 가슴에
한 올 한 올 풀어내며
푸른 싹 틔우렵니다

봄비가 그치고 나면
사랑하는 님과
아름답게 꾸밀 세상
멋들어진 인생극
시나리오 써가렵니다

빗소리

온종일 비가 내린다
내 가슴에

비가 그치고 나면
님 향한 푸른 가슴에
진한 사랑 흐르겠지요

메마른 대지
촉촉이 적셔주고
아름답게 꾸며주는
물오른 손길
살며시 눈 감고
빗방울 소리 느껴봅니다

상사화

아
내 님은
구름 위를 걷고 있습니다

님을 향한 길 떠난 나에게
연민에 찬 눈빛 보내오고
오가는 길목에 활짝 피어나
그 모습에 취하라 합니다

아
내 님은
사랑에 눈이 멀었습니다

날마다 목석같은 나에게
구름 따라 청춘이 흘러도
여명의 마음 다가오길
털끝 마음 기다립니다

시작(詩作)

땅거미 몰려오는 서재에서
잔잔한 배경음악을 들으며
내 영혼 속 숨은 진주를 캔다

온갖 화면들이
대뇌 브로카 베르니케 영역*에서
버무려지고 조리되어
원고지에 한 칸 한 칸 채워지고
한 땀 한 땀 풀어버린 실타래
세상을 향해 기지개 켠다

언젠가
누군가의 가슴속에 새겨져
시나브로 암송될 명작을 위해
방 한 켠 원고지를 수북 쌓는다

*대뇌 브로카 베르니케 영역 : 대뇌중 좌뇌의 브로카 영역은 말을 하는 일을 담당하고 베르니카 영역은 말을 알아듣는, 인지하는 기능을 담당

어젯밤에

어젯밤에
싱그러웠던 젊은 시절
사랑하는 분과 손잡고
버들강아지 피는 시냇가
풀숲을 거니는
예쁜 꿈을 꾸었습니다

꿈에
영원하자고 눈도장 찍고
그대가 아닌 사랑하는 님 되길
빌고 빈 간절함

이른 아침
거울 앞에 박힌
세월에 녹아내린 청춘
그리운 그 시절
꿈속에서나 그려봅니다

용기

오늘도 글을 쓴다
천재 작가가 아니라서 날마다 써 내린다

글 쓰는 법 배우지 않아
그 글이
글이 되는 줄도 모르고 밤을 하얗게 지새운다

어미의 자궁에서 빛을 보지 못하고
날개 잃은 새처럼 세상을 날지 못해도
사랑하는 분들이 좋아라 읽어주면
원고지 칸칸을 빼곡히 채워간다

별들이 졸고 있는 늦은 밤
밝은 세상 아름다운 그림 원고지에 옮긴다

우리님

우리님 걸어가는 길에
하늘에서 내리는 꽃비
그 길 따라 걷는다

사랑에 목마른 님이
님 찾아 걷는 그 길
꽃비 내리는 길 따라
내 마음 뿌려놓는다

우리님 걸어가는 길에
내 사랑 쓸어 담으시면
악성 베토벤이 작곡한
바이올린 소나타 5번 봄
님 사랑 함께 담을래요

창가에서

녹음이 내리는 창문 열면
흘러가는 맑은 물에
아침 일찍 일어난 태양
시냇물에 세수하고는
구름 위 일터로 떠나고
오랜 세월
물속을 지키던 잉어무리
누가 볼까 풀섶 아래서
사랑을 싹틔운다

지난밤
홀로 누운 방안에 흐르던
그리움
밤하늘로 날아가고
내 사랑하는 님에게
그리워하고 있노라
그 마음 전하려는 듯
물새 한 마리
이른 아침 물고 날아간다

홀로 걷는 길

그리운 당신을 생각하며
비 내리는 길 걷고 싶습니다

비를 맞으며 걸었던
추억을 떠올리고 싶습니다

가슴속에 묻어 놓은 이야기
비바람이 눈치챌 것 같아
우산을 깊이 눌러 쓰고
혼자 길을 걷고 싶습니다

그 길을 하염없이 걷다 보면
그리운 당신 가슴에 다가와
주체할 수 없는 가슴앓이에
빗길을 혼자 걷고 싶습니다

제2부

그대 마음 따스했습니다

가슴에 손을 얹고 1

가슴에 손을 얹고
오늘 하루 일상을 되뇌여 본다

나로 인해 상처받은 이웃 없는지
잘못된 내 판단으로 가슴 아픈 사람 없는지
파노라마 이어가며 꼼꼼히 살펴본다

가슴에 손을 얹고
살아온 세월 지난날을 되뇌여 본다

나 아닌 타인의 삶에 희망을 주었는지
온 누리 동행인에 행복을 주었는지
잠들기 전 머릿속 영상 돌려본다

가을

단풍이 물들어가는 가을
벼들이 일찍 고개를 숙였습니다

지난여름
더위와 생채기가 너무도 심해
가슴에 상처가 깊었나 봅니다

가을 잎이 아름답게 물들면
사랑하는 분의 일손이 너무도 바빠
허리 숙인 곡식 다 거둬들이지 못하고
농심 저버리는 아픔에 깊은 골 패였습니다

가을이 깊어 가면
아픔이야 아물어 치유되지만
가슴 한켠 시린 마음 삭일 수 없습니다

또다시 가을이 오면
세금고지서 다 태워버리고
적금통장 하나 님의 손에 쥐어주렵니다

그대 마음 따스했습니다

이른 아침
여명이 밝아오는 창문 틈으로 비춰진 그대 마음
참으로 따스했습니다

지난날
사랑이 식어버린 가슴을 찾아
따스한 훈풍 불어 넣어주고
행복한 삶으로 안내해 주는 그대 마음
참으로 따스했습니다

떨어지는 낙엽처럼 모두가 놓아버린 삶
기댈 수 없는 아픔을 품어주며
가슴으로 안아주는 그대 마음
참으로 따스했습니다

혼자서는 세상 살기 어렵다며
함께 동행 하자고 손잡아 주는 그대 마음
참으로 따스했습니다

나그네

세월을 짊어지고 길을 간다

어미 몸 전세 내고
온몸으로 감은 세월
약봉지 의지하다
흔적 남기며 걷는 길

때론 산 중턱에 걸터앉아
세상을 향해 시를 쓰고
그림도 그려보고
행복을 캐어내며 걷는 길

무거운 짐 비워내려 길을 간다

내 마음에 창

내 마음에 창문이 있다면
날마다 남쪽 문을 열어 놓을께요

빛바랜 추억이 생각난다면
구름 사이로 빛을 비춰주세요

어둡던 방 안이 밝아오면
나는 당신을 맞이할게요

밝은 대낮 당신이 떠나신다면
별이 빛나는 밤에 보내드릴게요

당신이 빛을 따라 돌아간다면
창문을 열 수 없을 것 같아요

두려운 마음에 창문을 꼭 닫고
밤에 빛나는 별님만 셀 것 같아요

누나야

누나야
사랑하는 누나야

어린 시절
나의 삶을 챙겨주던 누나야

엄마가 없으면
엄마 노릇 해주고
살뜰히 보살펴주던 누나야

가슴 따스한 정 가득 담아
언제나 웃으면서 다독이고
사랑의 마음 주던 누나야

세상의 인정 식어갈지언정
언제까지나 넘치는 정 주며
행복하게 살자 누나야

누님아

누님아
언제 불러보아도
정겨운 누님아

코흘리개 시절
자상한 엄마처럼 보살펴주고
자신을 버리고
동생들을 위한 삶을 산 누님아

감나무처럼
누님을 위한 삶 살아보지 못하고
희생이란 멍에에 갇혀
사랑을 베풀며 산 누님아

누님을 위한 사랑의 서시
교향곡에 맞춰 읊조리고
좋아라 손뼉 치는 모습에
감사하다 조아립니다

누님아
언제 불러보아도
정겨운 누님아

당신이 아름다운 것은

당신이 아름다운 것은
세상이 아름답기 때문이다

세상이 아름다운 것은
아름다운 마음을 가진
사람들이 많기 때문이다

당신이 아름다운 것은
살면서
살아가면서
추하고 미운 모습보단
아름다움을 더 찾고
아름다움을 추구하며
아름답게 세상을 수놓고
아름다운 세상 노래하며
아름답게 살기 때문이다

천상병 시인도
세상이 아름답다 노래했듯
세상을 아름답게 보는 눈
가슴 가득 채우며 사는 것이
아름다운 삶이 아닐런가

모래성

파도가 밀려오는 내 가슴에
성(城)을 쌓는다

성(城)벽 허물고
살며시 다가올 당신 위해
대문을 활짝 열어 놓는다

바윗돌도
시멘트도
흙벽돌도 아닌
모래로 성(城)을 쌓는다

세파에 부서지고 무너져도
그대와 함께 가는 동행 길에
틈틈이 사랑으로 메워주며
정으로 가득 찬 성(城)을 쌓는다

분봉*

나 이제 떠나가련다
꿀단지 가득 채우는
풍요로운 이 계절

나 이제 떠나가련다
이 세상 헤쳐나아 갈
순조로운 길 터놓고
나보다는 즐거운 삶
사랑 넘치는 행복한 삶
누릴 수 있길 기원하며

나 이제 떠나가련다
사랑하는 님 위해
모든 것 내려놓고

*분봉 : 벌통의 구(舊) 여왕벌이 산란하여 새 여왕벌을 만든 후, 일벌의 일부와 함께 딴 집이나 통으로 갈라 옮김. 또는 그렇게 하는 일

사랑은 끝이 없는 것

사랑이 끝났다고 말하지 마라
사랑은 끝이 없는 것
사는 동안 사랑이 식을지라도
뒤돌아 다시 보면 따스한 것

미운 사랑 보내지 마라
그 마음속엔 당신을 그리는 것
그리움에 상한 가슴 애증이 쌓여
당신의 사랑 갈구하는 것

사랑은 끝이 없는 것
그리운 사람들에 다 주어도
가슴앓이 없는 것
저승길 가더라도 주고 싶은 것

사랑은 하얀 마음

사랑은 하얀 마음
순백의 텅 빈 가슴
그대 사랑 가득 담아도
넘치지 않게 비워둡니다

사랑은 하얀 마음
정이 가득한 가슴
살며 살아가며 나누어 주고
가슴을 활짝 열어 비워줍니다

사랑이 익어가면

사랑은 식어가는 것이 아닙니다
다만 사랑 위에 사랑이 씌워져
사랑을 느끼지 못할 뿐입니다

맛있는 과일도 자주 먹으면
변함없는 그 맛이라도 질리고
맛있는 음식도 자주 먹으면
먹을수록 실증이 납니다

사랑이 식어가는 것처럼 느껴지는 건
사랑하는 마음이 없어서가 아니라
한 몸으로 함께 오래 살아서
서로의 모든 것을 속속들이 알아서
신비함을 잃었기 때문입니다

포도주는 오래 익어야 제맛 들고
사랑은 오래 나누어야 정(情)이 들듯
정(情) 쌓으며 사는 것이 행복한 삶입니다

산다는 것은

산다는 것에
희망이 있다는 것은
삶을 창조하는 길입니다

누군가를
가슴에 담고 산다는 것은
행복에 겨운 삶입니다

가슴속에
숨겨놓은 사랑 갈구하는 것은
청춘의 삶 피어나게 해줍니다

인생길에
그리움 머금은 사랑이 자라면
신명 나는 세상 함께 동행 합니다

세월은

세월은
나를 안고
긴 날들
청춘을 주었나 보다

세월은
님을 안고
긴 날들
사랑을 속삭였나 보다

세월은
이웃 위해
긴 날들
정을 베풀었나 보다

그 세월은
온 누리 모두가
생을 다하는 날까지
행복하길 기도했나 보다

쇠똥구리 1

나를 닮아
평생 일에 묻혀 사는구나

쇠똥을 굴리지 않으면
굶게 되는 가족위해
오늘도 쉬지 않는구나

비바람 세차게 몰아쳐도
쇠똥을 찾아 헤매다가
어느 낯선 풀잎 아래서
내리는 빗방울 피하고
비가 그치기를 기다리며
그려보는 가족 생각

내일을 위해
밝은 햇살이 비춰주길
간절히 기도 한다

애심(愛心)

누군가가
나에게
사랑한다는 말
내 귀에
그 말이
아름답게 들리는 것은
사랑하는 마음
진실을 알았기 때문이다

누군가가
나에게
사랑스런 표정을 하면
그 모습
그 행동
예쁘게 보이는 것은
사랑하는 마음
가슴 가득하기 때문이다

어린이 날

꽃피고
싱그러움 가득한
여왕의 계절
보석보다 귀한 사랑에
사랑을 베풀면서도
빈 가슴 채워지지 않아
끝없는 사랑의 마음이
왕으로 즉위식 해준다

오늘 밤에

오늘 밤에
그대가
그리워하신다면
잘 있노라 소식
띄워드리렵니다

오늘 밤
그대가
불러주신다면
그대 계신 곳으로
뛰어가렵니다

오늘 밤에
그대가
사랑해주신다면
그대 위한 영원을
약속하렵니다

정(情) 1

고요한 가슴에 던진
마음 하나
불빛 반짝이는 예쁜 그림
그려내는 정다운 소리

오순도순 쌓은 공든 탑
모래성처럼 무너진다 해도
사랑을 불쏘시개 삼아
영원히 동행하는 모닥불

정(情) 2

인생길에서 터득한 지혜로
미움도
고움도
다 받아들이고
친근하게 느끼며 사랑하여야
싹트는 따스한 마음

정(精) 3

혼자선
움직이지 않는다.

인생사
뜸 들여야 알 수 있는
여러 가지 마음

행복

당신의 삶이 나로 인해 기뻐하시면
그저 웃지요

당신의 원망과 증오가 나를 감싸도
그저 웃지요

당신과 함께 가는 길엔
사랑과 미움
기쁨과 슬픔
가슴 가득 안고 살아가야 하기에
그저 웃지요

시나브로 당신이 웃어준다면
나도 따라 그저 웃지요

그저 웃으며
이 세상 행복하게 살지요

화가

초록빛 바다처럼 높고 깊은 하늘
그리다 그리다가
황사 낀 뿌연 하늘만 그리고 있다

손끝으로 전해지는 내 마음은
지난겨울 추위에 꽁꽁 얼어
아름다움을 잊었나 보다

소낙비 녹음(綠陰)되어 내릴 쯤
가슴에 쌓인 먼지 씻어 내리면
하얀 도화지에 내 마음 가득 담긴다

제3부

지천명이 되면

글쓰기

당신이 내게
왜 사냐고 물으신다면
나는
살기 위해 산다고 말하렵니다

그런 대답은
쉽게 할 수 있는 말이라시면
나는
그 말하기가 어려웠다 말하렵니다

뭐가 그리도
어려웠냐 물으신다면
나는
그 말이 너무 쉬워서라고 말하렵니다

그래도
이해가 안 간다 하시면
나는
이해 쉬운 글쓰기가 어렵다 말하렵니다

기타연주

당신의 손끝에서 튕겨 나오는 기타의 선율이
이렇게 아름다운 줄 몰랐습니다

하모니카와 이루어내는 화음이
이토록 가슴 떨리는 줄 몰랐습니다

시낭송 배경음악으로 언제나 함께하던 연주
손끝에서 빚어지는 님 향한 사랑의 속삭임은
가슴 절절한 울림으로 다가옵니다

줄 한번 튕긴 연주에 사랑이 싹트고
줄 두 번 튕긴 연주에 사랑이 시작되고
줄 세 번 튕긴 연주에 사랑을 속삭이고
줄 네 번 튕긴 연주에 사랑이 익어가고
또 한 번 튕긴 연주에 즐거운 삶 이어가고
마지막 튕긴 연주에 행복한 인생 엮어간다

남과 여

촛불은
눈물을 흘리며
자신을 태우지만

향불은
제 몸을 사르며
자신을 태운다

느림의 미학

50km로 달음질치는 세월
속도를 줄여 본다
50대 중반을 거닐고 있는
지천명의 나이
자동차로 80km 달리지만
나는 도보로 천천히 걷는다

스쳐 가던 산과 들에 핀
이름 모를 작은 꽃들이
예쁜 꽃망울로 애교떨고
산을 품은 나뭇가지에선
푸른 싹 내일을 설계하고
기다리다 지친 아이들
작은 소망 눈에 보인다

달음질치며 스치듯 살아온 세월
천천히 걸으며
세상 사람들 가슴 들여다보며
사랑이 가득한 정주며 살아가련다

독백

나는
지난겨울 추위에 떨어보았습니다

가난이
뼛속까지 시리게 한다는 것도 느껴보았습니다

그래서
봄이 되면 이 한 몸 바삐 움직이리라 다짐했습니다

나는
이 여름 더위에 땀 흘려 보았습니다

게으름이
배고픔을 동행한다는 것을 깨달았습니다

그래서
가을이 지나 겨울이 와도 걱정을 여행 보냈습니다

무엇 하리

무엇 하리
할 수 있는 것
아무것도 없는데
일 저지르지 말고
죽은 듯 있으려무나

무엇 하리
할 수 있는 것
아무것도 없어도
마음에 와닿는 것
그것 먼저 하려무나

믿음

신(神)께서
이 세상을 창조하시고
인간들을 믿고 분양했다

인간은 믿음으로 그 땅을 받고
돈을 만들어 거래하며
땅 투기로 재화를 모았다

신(神)을 모시는 신전에도
황금이 믿음의 척도가 되고
성처럼 커다란 신전에
많은 신도를 거느려야
권위가 있는 신(神)이라지만
그분은
재화와 재물을 멀리하고
인간 구휼에 앞장섰다

나는 종교를 갖지 않았지만
내 마음으로 믿고 의지하는 신(神)
가슴 깊이 자리하고 있다

사랑은

사랑은
계산하지 않는 것

다 준 후
계산기 두드리지 않는 것

사랑은
희망을 싹틔우는 것

남김없이 주어서
행복이 넘쳐나는 것

사랑은
다 주는 것

다 주어도
아깝지 않은 것

산은 산이요,
물은 물이로다

산에 가면 나무를 보고
강에 가면 물을 본다

산에선 나무들이 빛을 가려주고
강에선 강물이 빛을 받아들인다.

산에는 동물들이 살고
강에선 물고기들이 산다

산과 강에 바람이 매파 되어
종종걸음 들녘 넘나든다

살며 살아가며

내 사타구니에
검은 털 하나둘 숲을 이루면
내 가슴엔
사랑이란 병이 자리하며 자랐다

인생을 살아간다는 것이
사랑으로 감당 못 할 일 많은데
그 시절엔
그것이 전부인 줄 알았다

세월이 나를 익혀주고
숙성해가는 생을 따라 풀어온 숙제
잘 쓴 정답들이
내 삶과 똑같이 풀어내며
제멋에 익어가고 있다

살며 살아가며
영원한 숙제 살짝 귀띔해 준다

광호야

광호야
세상살이란
쉬운 삶이 아니란다

다만 네 눈에 쉽게 보일 뿐
그 삶은 노력한 고통이 잠재되어 있어
표현되지 않은 삶이란다

쉽게 사는 삶이 좋지만
세상을 쉽게 생각하면 가벼운 삶이 되어
쉽게 네 곁을 날아간다

항상 중심을 잡고
중후한 모습으로 살다 보면
좋은 일이 있지 않겠니 광호야

성전

출애굽기 신명기
하느님이 모세에 게시하신
십계

현대를 사는 우리에게도
구구절절이 옳은 말씀

그런데
믿음이 부족해서일까
하느님의 성전 팔고 산다

예수님이 령으로 임하신 후
각 사람을 교회로 인정하신걸
성직자는 이미 알았으리라

쇠똥구리 2

담배꽁초 널브러진 도심 길
빗자루 들고 청소를 한다

길 따라 쓸어가는 도로변에
누군가의 가슴을 달래던 꽁초
경음기 울리는 차량들 틈에서
먼지 이는 빠른 빗자루 질 한다

넓은 초원 청소부 쇠똥구리처럼
날마다 도심 길 빗자루 질 하며
타인들을 위한 깨끗한 세상에서
내 마음도 깨끗이 정화하고
행복한 삶 꿈꾸며 쉬지 않는다

식사(食事)

일제 36년
짜내던 고혈

그 땅
생산된 먹거리

이어온
이민족 핏줄

애물
- 아가페 -

파리가
화장실에
알을 낳는다

그곳이
구더기에겐
극락세계이다

윤회(輪廻)

우리가 먹은 것은
모두 생명이 있었으므로
그 지은 죄
화장실에 앉아 참회를 한 후
죄업의 배설물 밭에 뿌리고
씨앗 심고 살뜰히 키워
또다시 죄를 짓고
수세식 화장실 물로 씻어낸다

인생(人生) 1

도화지 위에 그림 그린다

컴퍼스를 펼쳐 큰 원을 그리고
컴퓨터 앞에 앉아 정보를 모으고
도서관에 앉아 꼼꼼히 정리한다

도화지 위에 그림 채워간다

홀로서기 하던 세상 뛰쳐나가
사람들 만나 함께 동행하고
부귀영화 숙제 풀어간다

도화지 위에 그림 비워간다

그동안 쌓아온 지위와 명예
목숨 걸고 채워온 곳간
지우개로 하나하나 지워간다

인생(生)이란

활짝 핀 꽃에 날아든 벌 나비
잃어가는 아름다운 속삭임
그것이 인생이라 말을 한다

왜 시들어 가는가 묻는다면
태초에 신께서 그렇게 하라
하였으니 그럴 수밖에

영생이란 없어서
영원히 살기 위해 유전자 전달하고
시들어 갈 수밖에 없는 하늘의 계시

인연이라는 것

발원지를 떠난 물은 바다로 가면서 인연을 만들듯
어미를 떠난 자식은 세상살이하면서 인연을 만든다

물길 따라 물은 만났다 헤어지고 또 만나 바다를 이루듯
사람들도 매일 같이 눈을 뜨면 인연 이야기 만들어낸다

인연이라는 것은
기쁘고도 슬프고 슬프고도 기쁜 것
바람처럼 다가왔다가 바람처럼 떠나가는 것
내가 있어 우주 만물 함께 관계 맺는 것

종소리

꿈을 깨우기 위한
몸부림
영혼에 속삭이는
생명력
진정
마음이 동하여
억눌린 가슴속에서
세상을 향해 각혈한다

지천명이 되면

내 나이 오십이 되면
세상 모든 것을 다 아는 줄 알았습니다
그래서 사십 대 시간이 빨리 흐르길 기도했습니다
남들은 천천히 시간이 흐르는 것이 좋다고 했지만
그때가 오기를 손꼽아 기다렸습니다
기다림이 지치면 세월도 천천히 흐르나 봅니다
하루는 빠르게 흐르는 것 같은데
일 년은 너무나 천천히 다가오는 것 같아
빠른 음악에 몸을 실어보기도 하고
때론 저녁노을 지는 바닷가로 여행도 떠났습니다
사십 대 세월은 너무도 무겁게 흘렀습니다
흐른다기보다는 거북이처럼 엉금엉금 기었습니다
그렇게 시간이 흘러 오십이 되었습니다
오십이 되면 세상 모든 것 다 알 줄 알았는데
아직도 너무도 많은 부족함이 앞에 놓여 있었습니다
육십을 넘어 칠십으로 달음질치는 지금도
모르는 것이 너무도 많아
공부하며 세월을 읽고 있습니다

진리

내 어릴 적 들었던
부모님 말씀
귓가에 맴돌다
허공으로 날아가고

아버지에
그 아버지
어머니에
그 어머니가 일깨워준
진리의 가르침

자식들에
잘 되라 하시는 말씀
말 없는 고요 속
핸드폰에 잦아들고

아버지에
그 아버지
어머니에
그 어머니의 가르침에
인간 세상은 진화한다

진실

사람들이 죄를 짓고
그들의 성전에서 기도하면
죄를 사해 준다는 말씀

석가모니도
예수도
알라도
성인들은 그 말 하지 않았다

사람들은 자신이 지은 죄
양심의 가책을 느껴
지어낸 말일 게다

혹시나 하여
내가 알고 있는 신
설파한 교리 속 찾았지만
그런 말씀이 없다

처음처럼

사람이 사람을 만난다는 것은
축하해 주어야 할 일입니다

세상에 태어나서
수많은 사람 중에 반려자를 만난다는 것은
더더욱 축복해 주어야 할 일입니다

사람이 사람을 만나고
반려자를 만날 때
처음 먹은 마음 잃지 않고 살아간다면
사랑이 식지 않는 삶 살겠지요

처음처럼
초심을 잃지 않는 인생
높은 행복 탑 쌓으며 살아가겠지요

화두

세상사
모든 것을
있는 그대로 바라보고
바르게 생각하는 것이
불변의 진리이다

인문학

조정래 선생님이 역설하신
모국어의 자식들을 탄생시키려
오늘 밤도 우주를 품는다

쉽사리 다가오지 않는 씨앗
우주 밖으로 별똥별 타고
신(神)의 세계로 떠나갔는가

1등에 노예가 되지 말고
돈에 노예가 되지 말고
나 아닌 타인의 적 되지 말자

나의 기쁨이 너의 기쁨이 되고
나의 행복이 너의 행복이 되는
인간성 충만한 그런 삶을 살자

제4부

가슴에 손을 얹고

5월의 밤

책상 앞에 앉아
하이든의 현악 4중주 황제를 듣는다
두 대의 바이올린과 비올라 첼로가
아름다운 선율을 녹여내는 곡조에 맞춰
살구나무 모과나무 감나무에 달린 열매
꽃비처럼 쏟아져 나뒹굴지나 않을는지
빗소리마저 요란스런 5월의 깊은 밤
창밖은 까만 먹물을 흩뿌리고
혼돈의 내 마음은 날 밝기만을 기다리는데
선율은 제 곡에 겨워 황제께 경의를 표하고
원고지는 네모 칸을 텅 비워 놓고 있다

가슴에 손을 얹고 2

잠자리 눕거들랑
생각해 보라
가슴에 손을 얹고

가장 가까운 이들에
아픔을 주지 않았는지

다시 한번
생각해 보라
가슴에 손을 얹고

하늘 아래 이웃에
행복한 기쁨 주었는지

또다시 한번
생각해 보라
가슴에 손을 얹고

살아온 지난날이
죄업은 없었는지

고향

산새들은 산이 좋아 산에서 살고
물새들은 물이 좋아 물에서 산다

산새들은 산에서 사랑을 하고
물새들은 물에서 사랑을 한다

산새들은 산에서 정주며 살고
물새들은 물에서 정주며 산다

산새들은 산 떠나서 살 수가 없고
물새들은 물 떠나서 살 수가 없다

산새들은 산 떠나면 산새 아니고
물새들은 물 떠나면 물새 아니다

그대와 춤을

감미로운 연주곡이 온몸 휘감으면
그 님은
머리결 휘날리며 손끝으로 다가와
단풍 계절에 아름다운 나래 펼친다

물결처럼 흐르는 운율을 맞춰
나의 몸은
제멋에 겨운 황홀한 몸놀림으로
사뿐사뿐 시를 쓴다

부드러운 바람에 옷깃 날리며
때론 광풍에 날아가는 신문지처럼
열정적 음악에 몸을 던지고
땀 밴 진한 사랑 녹아내릴 때
허전한 마음 달래주며 꿈을 깬다

근심

먹거리 걱정 없는 나라는
정말로 행복한 나라입니다

돈이 많아서
수입해 온 농산물로 배 채우는 행복
언젠가는 모래성처럼 무너집니다

미래를 위한 저축은
내 사랑하는 사람들이
인류의 종말이 올 때까지
내 나라 내 영토에서
걱정 없이
먹거리를 해결할 수 있어야 합니다

재화로 쌓은 행복도 행복이지만
그 재화로 인해 내 민족 핏속에
다른 유전인자가 자리하지 않을는지

무분별 개발로 줄어드는 농토
후세들의 안위
걱정해야 할 사람은 누구일까

기도

네가 믿는 신을 향해
진심으로 기도하라
기도하며 바라지 말고
가슴을 비우고 빌어라
욕심이 앞서면
죄악을 범하는 것이고
많은 것을 바라면
그 또한 크나큰 죄악이니
마음을 비우고
물욕을 버리고
나를 버리는 기도
그러면
그 기도는 들어 주신다

노인병원에서

노인병원에 가을이 누렇게 물들고
겨울로 달음질치는 분들이 살고 있다

한때는 누군가의 사랑이었고
또 한때는 누군가와 정(精) 나누며
행복이라는 탑 쌓아 올리며 살다가
이젠 싱그러웠던 세월 청춘을 다 털리고
낙엽처럼 흙으로 떠날 준비하는 분들

비록 삶은 식어가지만
추운 겨울 넘겨야 한다는 생에 대한 애착
꽃피는 춘삼월 꽃 나들이 꿈꾸며
남은 기력 모아 협상하고 있다

누군가 찾아오면

세상을 살다 보면 많은 사람을 만나게 된다
아는 분이라서 만나기도 하지만
모르는 사람도 찾아온다
그들이 왜 나를 찾아왔을까
세상에는 공짜가 없는데
아무런 계산 없이 찾아오진 않았을 게다

가을이 깊어간다
황혼 녘 장년의 가슴에 시린 바람 밀어 넣는다
손을 비비며 따스함을 갈구하는 늦가을
나무들은 제 살길 바빠 낙엽 떨구고
북쪽 하늘은 찬바람 이끌고 가을을 밀어내며
마지막 한 장의 달력만 벽에 걸어 놓는다

그 계절
누군가가 나를 찾아오면
나는 그님과 포장마차에 가서 소주 한 잔 하련다
가을밤 지새우며 술잔에 인생 담아주고
따스한 대화 안주 삼아 가슴을 녹여주련다

누드모델

실오라기 하나 걸치지 않고 사는 여자
순백의 나신을 드러내고 사는 여자
푸른 초원 풀밭에 앉아 하늘을 안는 여자
보일 듯 말 듯 포즈를 취하는 여자
화폭에 담겨 영원을 추구하는 여자
아름다운 예술 작품으로 승화된 여자

믿음

하느님이 숨바꼭질한다

네 이웃을 사랑하란 교리
신자는 목자의 사랑이 깊어
따라 옮긴 성전

로마 교황청
순복음 교회
온 천지 세운 십자가들

아들이 설파한 그분의 말씀
온몸에 흘러내리지 못하고
겉치레 모양새만 믿는다

빛이 되거라
네가 믿음을 완성하려면
탐독하거라
에제키엘서 47장

밤 비

가을로 접어드는 길
처서와 칠석이 가까워지는 밤
꽃 진 목련나무 너른 잎에 비가 내린다.

메마른 봄 황사 먼지 뒤집어쓰며
하얀 꽃망울 소담스럽게 피워내고
한여름 땀 흘리는 사람들에
싱그런 푸르름 선사해주던 시원함
남은 더위 씻어 내리려는가
눈 감은 거리에 쏟아붓는다

이른 아침 눈 떠올 때
깨끗이 씻긴 감나무 아래
제 무게에 겨운 덜 자란 감
빗자루 손길 그리웠나
만유인력 소리 들린다

춘곤증

잠이 덜 깬 봄 하늘
눈까풀에 눌러앉아
추운 겨울 몰아낸다

색 바랜 회색빛 세상
영혼마저 축 늘어트려
초점 잃어가는 눈동자
시나브로
하마와 입 크기 재며
감내할 수 없는 생리
봄의 불청객

귓전에 울려오는 뻐꾹 소리
봄이 지는 소리 들으며
싱그럽게 피어나는 내 청춘

사람의 기도

사람으로 태어나
사람 사는 세상에서
사람 노릇 하면서
사람답게 살고픈 욕망에
사람들을 가르치고
사람들을 키워서
사람 사는 사회와
사람 사는 나라와
사람 사는 세상을
사람들로 구성하고
사람들이 살맛 나는
사람들이 행복한
사람의 사랑이 넘치는
사람들과 살고 싶다

사랑과 전쟁

함께 손잡고 살아가라 했는데
날마다 전쟁을 한다

우주를 유영하는 정충은
블랙홀에 빠져 허우적거리고
자궁 속 수란관을 벗어나
상품화하는 아름다운 모습들

남자 여자로 나누지 말고
철로처럼 평행선을 살아도
손잡고 함께 걷는 삶

하루아침에 끝날 전투가 아닌
영원히 치러야 하는 사랑
그리고 전쟁

음악

음악이 없는 세상에서는
아름다운 삶이 없습니다

음악이 사라진 세상에서는
사람들 웃음소리가 없습니다

멘델스존이 작곡한
한여름 밤의 교향곡에 맞춰
새 인생을 시작하는 청춘남녀
군악대 장단에 발맞추며
의장대 열병 분열하는 군인들
음악이 없는 세상이라면
얼마나 삭막한 삶이 될까

음악이 있어 노래가 있고
음악이 있어 춤이 있고
음악이 있어 박자가 있고
음악은 기분을 좋게 하고
음악은 마음을 위로해주고
음악은 영혼을 즐겁게 해준다

세상을 살면서 음악이 없다면
얼마나 삭막할까

인생(人生) 2

작은 영혼들이 흘린 땀의 결정체로
언제 끝날지 모르는 계단 앞에 선다

처음엔 혼자서 걸어갈 수 없어
작은 영혼들의 힘 빌어
한 계단 한 계단 올라간다

끝을 알 수 없는 그 끝을 향해
종착역에 기차가 멈추듯
내 삶도 멈추어 버릴 그곳

늦가을 낙엽이 지고 난 나무에는
새봄을 맞이하며 싹을 틔우지만
인간이란 탈을 쓰고 태어난 삶
그 삶은 나와 함께 사라질 운명

종종걸음으로 오르던 그 계단
너무 빨리 뛰어올라
이제 얼마 남지 않은 듯싶다

내 삶의 알 수 없는 종착역
그 역에서 구입할 승차권에는
어떤 계단이 놓여 있을까

잃어버린 고향

고향 하늘 핏빛 먼지 가득한 것은

강제 이주를 당한 고려인들처럼
슬픔이 하늘에 닿았기 때문이다

치적에 눈먼 사람들로 인해
떠나야 하는 가슴 아픔이 녹아
피눈물로 흩날렸기 때문이다

난파선처럼 제각기 흩어지는
평생의 안식처 공동체
거대한 격랑을 이기지 못하고
고래 입에 털어 넣어야만 했다

전쟁이 일어나지 않았는데
쫓겨나야만 하는 민초들의 삶
벽걸이에 새겨진 그들만의 역사
돈에 덮여버린 잃어버린 고향
강물은 물길 따라 흘러간다.

전세

허락 없이 열 달 계약 했다

뻐꾸기처럼 빌린 둥지
가득 차도록 눌러앉아 긴 계획 수립했다

10달을 지우개로 살짝 지우고
100년 동안 푸른 삶 빌려 쓰다가
아름다운 황혼 녘 노을이 물들면
천상병 시인처럼 소풍을 끝내리라

허락 없이 그곳 도착하면
무전여행 계약서 꼭 써야 할 것 같다

착시

거지라 하지 마라
거지가 거지인 것은
네 눈에 거지 그림으로
가득 차 있기 때문이다

네 모습을 보아라
그대들은
별빛처럼 빛나기 위해
거지들의 호주머니
남아 있는 지폐 몇 닢
계산기 두드리며
계산하고 있잖은가

목욕탕에서 옷을 벗으면
누가 거지이고
누가 거지가 아닌지
알 수 있겠는가

세상을 구걸하며
세상의 빛이 된다고
달콤한 단어만 찾는

그대들이여

우리의 눈에는
모두가 평등한 사람들
모두가 소중한 내 백성
내 백의민족

창을 열면

창을 열면
내 마음 깊은 호수에 구름이 노 저으며
님 소식 전해온다

창을 열면
그리운 님이 사랑 가득 가슴에 안고
내게로 다가온다

창을 열면
아름다운 세상 행복 그리며 동행하라고
건강한 삶 보내온다

천식

숨쉬기가 힘들다

이 세상 맑은 공기 마시며 살았는데
가슴이 답답하고 호흡이 거칠다

오늘은
별빛이 흐르는 창밖을 바라보며
유난히도 빛나는 별이 되어 본다

어둠 속 저 멀리
밤새 은하수 물길 따라 유영하는 내 마음
어둠 속으로 깊어가지만

새벽이 있고
어둠을 밀어내는 여명
아직은 밝게 비추어 주는 태양 빛이 좋다

청춘

젊음이 있어 좋다

찬기 느끼는 촉감이 살아있는 감각
밝은 별빛과 대화를 나누는 마음
사랑하는 님 그려보는 맑은 가슴
그런 삶 꾸며 볼 수 있어 좋다

젊음이 있어 좋다

세상을 향한 자신감 넘친 호연지기
미래를 계획하고 키워가는 희망
실패를 두려워하지 않는 도전 정신
그런 삶 펼칠 수 있어 좋다

초심

사람들은 언제나
자신이 원하는 자리에 앉기 전엔
항상 잘하겠다고 마음먹는다.

막상 그 자리에 앉으면
처음 먹은 마음 퇴색되고
자리에 순응하며 세월을 낚는다.

최선이 아닌 삶을 살고
그것이 최선이라 부르짖으며
하루하루 넘긴다.

인생 2막 문 앞에서
가슴에 손을 얹고 되돌아볼 때
그 마음 나부터 고민해 본다.

피아노

밤하늘 트럼펫 소리 들으며
너를 연주한다

트럼펫 소리에 취한 악보는
잔잔히 손가락 인도하고
때론 홀로 광풍 일으키며
관객 속으로 파고든다

네 목소리로 토해내는 그림이
수많은 날 그려내고
먼지 일으키는 들녘 달리다가
산 깊은 옹달샘에서 목 축이고
하늘 높이 오르던 새
땅가 곤두박질치기도 하고
열 손가락 사랑받는 건반
소리의 마술사가 된다

함박눈이 내리면

세상을 하얗게 뒤덮는
함박눈이 내리면
어릴 적 코흘리개 고향이 생각난다

시냇가 얼어붙은 논에서
외발 썰매 타며 하루해를 보내고
모닥불에 시린 발 녹이다
나일론 양말 발바닥에 구멍을 내고
토실한 고구마 꺼내 호호 불며 먹다
숯 검댕이 얼굴 그려주던 친구들과
참새처럼 재잘거리며 유년을 보내고
때론 눈 쌓인 산등성이에 올라
비닐포대 깔고 앉아 미끄럼 타고
산비탈 토끼몰이하며 뛰어놀던
노을 진 고향
함박눈이 내리면
내 가슴에 살아있는 영상으로 다가온다

제5부

그림을 그리는 이유

그림을 그리는 이유

그림을 그리는 것은
그 그림이 아름답기보다는
그림답기를 바래서이다

인생을 살면서
아름다운 그림을 취하기보다는
그림이 그림다워야
인생도 아름답기 때문이다

그림을 그린다 날마다
그려지는 그림 속에
청춘의 푸르름을 가득 담고
생의 계획표를 그려보고
행복한 삶도 살짝 그려본다

흰 도화지에 그림을 채워가며
사랑하는 만남을 그려 넣고
한쪽 모서리 빈 곳에 사랑을 심고
그래도 남을 땐 행복 그리련다

짝사랑

검은 바다에는 선명히 빛나는 별들이
밤새 동무들과 먼 길 여행을 떠나
밝은 대낮 아무도 없는 하늘엔
태양 혼자 쓸쓸히 여행을 하나 봅니다

여행도 함께면 즐거움도 배가 되지만
혼자 가는 여행길엔 외로움만 가득하고
쉬 지쳐버리는 고달픈 몸은 서쪽 하늘로
붉은 얼굴 떨구고 별 찾아 떠나나 봅니다

어두운 밤하늘은 별들이 뛰어노는 놀이터
파란 하늘은 햇님이 뛰어노는 놀이터라서
만날 수 없는 인연이면 짝사랑하지 말라
지천명의 경험 보따리 풀어헤쳐 줍니다

그 아낙네

황혼 길 걷고 있는 그 여자
청춘을 먹고 산다

기지개 켜는 이른 아침
울안 꽃밭 한가득 피운 꽃
밝게 웃으며 다가오면
사랑하는 님과
행복에 겨운 추억 남긴다

황혼 길 걷고 있는 그 여자
청춘을 먹고 산다

젊은 마음 캐내
기쁨으로 방 안 가득 채우고
즐거운 청춘 꿈꾸며
사랑하는 님과
행복에 겨운 인생 살아간다

나는 행복(幸福)합니다

나는 행복합니다.

아름다운 이 세상 볼 수 있어 행복하고
맑은 공기로 숨을 쉴 수 있어 행복하고
혼자가 아닌 동행할 수 있어 행복하고
대화를 나누며 아름답게 살 수 있어 행복하고
사랑을 속삭이며 정을 쌓을 수 있어 행복합니다

행복은 그냥 오지 않습니다

아름다운 삶을 꿈꾸며 살아가고
타인의 언행을 긍정적으로 받아들이며
그 마음 이해하고 베풀다 보면
하늘 같은 마음 안에 기쁨과 평화가
물욕의 빈자리에 차오르는 따스함 있어
나는 행복합니다

행복은 눈에 보이지 않습니다

재물이 많아서 행복한 것도 아니오
재화가 넘쳐나 행복한 것도 아니오

마음을 비우면 저절로 다가와
빈 가슴 채워질 때마다 느끼는
그런 삶이 있어 행복합니다

욕심을 버려라
가지려 하지 마라
욕심을 버리지 못하고 모든 것을 가지려 하다 보
면 가슴속 행복은 아지랑이처럼 사라져 갑니다

사랑하는 님이여 우리는 확인하지 않았는가
수의에는 호주머니가 없는 것을
이 세상 떠날 때 가져갈 것이 무엇인가
빈손으로 왔으면 다 내려놓고 떠나야 하는 것
무엇을 가져가려 하는가

떠날 땐 마음 편히 두 눈 꼭 감고 떠나는 것도
이승의 모두를 위한 행복 아니런가
행복해지려면 마음을 비우고
비우지 못할 것 같으면 욕심을 내지 마라
행복은 남을 이해하고 배려하면 다가온다

작은 것에 항상 감사하며 살다 보면
행복은 스펀지에 물 스미듯 다가와
행복한 얼굴로 세상을 살아가게 한다

나는 행복합니다
행복하게 살아갈 기회를 주어서 행복합니다

나목

아름다움도 잠시
단풍잎이 떨어지면
허전한 가슴만 남습니다

아름다움은 짧게 지나가지만
쓸쓸한 시간은 너무도 길고
그리운 님이라도 올라치면
바람막이 해줄 수 없기에
시린 가슴 쓸어내립니다

따스한 봄은 너무도 멀어
여린 가슴 추위에 얼고
새싹 피는 그대 마음에
다가갈 수 없는 이 가슴
홀로 추위를 맞이합니다

혹한의 고통이 다가와도
기약할 수 있는 내일 있기에
두 눈 꼭 감고 서 있습니다

단풍 1

석양 하늘
노을빛 닮은 아름다운 삶
어둠 오기 전
질곡의 세월이 빚은
이야기 엮어갑니다

님 머릿결
세탁된 세월 흰 눈 내린 삶
함박눈 온 세상 덮으면
만물이 소생하던 그 시절
가슴 가득 추억 담는다

단풍 2

책갈피에
붉은 단풍 담긴 추억

갈 바람이
소슬히는 무봉산

불경 소리에
취한 철조여래좌상

순례자에게
기쁨 주려는가

나뭇잎에
내려앉는 석양 노을

당신

언제 불러보아도 다정한 사람
평생을 함께하며 불러보아도
가슴 울리어오는 두 글자 당신

드넓은 우주에 한 점으로 태어나
수많은 사람 중에 사랑으로 만나
서로를 보듬어주며 살아온 당신

비바람 태풍 속에서도 끈을 놓지 않고
올바른 인생의 섭리 몸소 실천하며
서서히 익어가는 생의 동반자 당신

물으신다면 말할래요

네 고향이 어디냐고 물으신다면
난 고향을 선물했다고 말할래요

누구한테 선물했냐고 물으신다면
치적에 눈먼 분께 선물했다 말할래요

고향을 선물한 후 가슴시리지 않았냐 물으신다면
치밀어 오르는 불 끄느라 땀이 맺혔다 말할래요

귀향해서 사는 게 어떠냐 물으신다면
파괴된 공동체는 회복이 어렵다 말할래요

이 세상 어드메서 살아 갈거냐 물으신다면
푸른 하늘 벗 삼으며 살거라 말할래요

바람과 함께

그녀는 태어나면서부터 바람이었다
바람이 부는 방향대로 움직였으나
원하는 방향이 아닌 듯했다

바람은 동쪽으로 여행을 떠나는데
사랑하는 님은 서녘 하늘 그리워했다

바람은 불어도
사랑은 불지 않아
청명한 가을 속으로
바람과 함께 사라졌다

피아노 곡조가 노을 속으로 떠나가도
끝을 알 수 없는 곡조는 밤이 새도록
님의 손끝에서 메아리치고
곡조에 겨운 내 님 바람과 함께 사라졌다

봄비

겨울이 잦아드는
세상에
내리는 비
봄소식 전해주려
옷깃을 적시는가

먼 곳
그리운 님 잠긴 소식
졸리운 우체통
잠 깨워 주려
묵은 세상 씻어주는가

맑은 하늘 다가오면
내 사랑하는 분은
깃털 옷 입고
아지랑이 맞이하며
봄을 캐다가
봄 소식에 놀란 새싹
살며시 속삭인다

사계(四季)

봄이 오면
진달래 철쭉 앞산 뒷산 불타오르고
들에는 노고지리 보리밭 노래한다

여름이 오면
원두막 매미 울음소리로 시를 읊고
녹음에 겨운 한낮 빛은 외로이 거닌다

가을이 오면
황금 들녘 풍년의 뜰 행복을 노래하고
온 세상 만가홍조 아름다움 그린다

겨울이 오면
동치미 국물에 고구마 먹던 추억 떠올리며
사랑하는 님과 살아가야할 계획 세운다

사노라면 1

사랑을 얻었거들랑
욕심을 부리지 마라
욕심이 과하다 보면
님도 잃고 사랑도 잃는다

마음을 비우며 살면
좋은 일로 가득 채워지고
욕심으로 가득 채우다 보면
세상의 모든 것을 잃게 된다

착한 마음으로 베풀어 주면
평화로운 세상이 되고
악한 마음으로 싸우다 보면
불편한 삶의 세상이 된다

사랑의 메아리가 넘나드는
그리운 세상 살다 보면
행복이 철철 흘러넘치는
아름다운 세상 엮으며 산다

사노라면 2

그립고 그리운 봄 날
님이 불어주는 봄바람
내 가슴에 꽃 피운다

잔서리 고단한 세상 삶
짧았던 학창시절 배움보다
격랑의 세월이 공부시켰다

꽃 청춘 콩깍지 씌어
님 멀미 나도록 취해
그 세월 행복 엮으며 살았다

오늘도 님 위한 일상
가슴 가득 채워주는 행복
사랑스런 봄 꽃 피워준다

사랑의 방정식 1

구름 한 점 없는 여름날
하늘의 햇살 눈부시면
태양을 바라볼 수 없듯
불타는 님의 가슴
사랑이 뜨겁게 타오르면
공든 탑 쌓을 수 없다

달빛 아래서
서서히 가슴 삶아야
마음이 움직이고
밤하늘 별빛 보며
속삭임 나눌 수 있어야
사랑이 익어간다

사랑의 방정식 2

사랑은 원하지 않는 곳에서
백마 타고 다가온다

사랑은 처절하게 갈구하면
쪽배 타고 다가온다

사랑은 농담처럼 이야기하다가
진실하게 다가온다

사랑은 줄다리기 같은 것
밀고 당기며 살아가는 것

사랑은 거짓말 요술쟁이
그 말에 속아도 행복한 것

사랑은 정으로 익어가는 것
곱고 미워도 함께하는 것

설거지하며

식탁 위로 가득 담아주는 사랑
텅 빈 가슴으로 돌아온 빈 그릇
개숫물에 쌓인 그릇에는
행복이 녹아 있습니다

깨끗이 사라져 버린 음식물엔
어머니 정성이 넘쳤나 봅니다

쌀뜨물로 지저분한 그릇 닦으며
세상을 오염시키지 않으려
남아 있는 찌꺼기 분리수거하고
청결하게 빛을 냅니다

가지런한 싱크대 정돈된 부엌엔
어머니 표 행복 잔잔히 흐릅니다

쇠똥구리 3

꼬부랑 할머니가
유모차를 밀고 간다

허리 펴고 살고 싶어
준비한 유모차
빈 병
빈 박스 가득 싣고
생을 굴린다

비 오는 날이면
보이지 않던 유모차
맑은 날엔
쇠똥구리처럼
굽은 허리 펴지 못하고
쉼 없이 굴린다

아름다운 아줌마

보티첼리의 『비너스의 탄생』
마네의 『풀밭 위에서의 점심 식사』
그림 속 여인들은 늘 통통했다

젊은 날 그려온 네 몸매와 다른
그림 속 여인들의 모습은
지금의 아름다운 기준과 다르다고
외치지 말라
아름다움은 네 삶의 독약이니라

나 홀로 한세상 살면서 몸부림쳐도
네 안의 호르몬이 나이를 기억하고
세포는 생리작용에 의해 커져만 가
어찌할 수 없이 살이 찐단다

그렇다고 강제로 가꾸다 보면
네 삶의 후반기에 뼈 구멍이 숭숭
혼자서 감내할 수 없는 고독한 삶
그때를 기억하고 싶지는 않을 게다

먹을 것은 맛있게 먹고

아이들과 손잡고 행복 누리며 살면
통통한 몸매에 기운 센 아줌마
아름다움이 사라졌다고 말하지만
행복은 떠나지 않고 늘 곁에 있다

인생(人生) 3

인생은
완성된 모습을 볼 수 없는 것
서서히 늙어가는 것이 아니라
나이테 두르며 익어가는 것

인생은
떠날 때 빈손으로 가는 것
삶을 살아가며
공수래공수거 배워 가는 것

인생은
혼자 왔다가 혼자 떠나는 것
여럿을 기쁘게 해주며 왔다가
여럿을 울리고 떠나는 것

인생은
이름 없이 왔다가 남기고 떠나는 것
후세들의 가슴에
흔적을 남기고 떠나는 것

인연

한 사람이
한 사람 만나
한집에서 살다 보면

한 사람이
또 한 사람 만나
두 집에서 살다 보면

한 사람이
또 다른 사람 만나
또 다른 집에서 살다 보면

그렇게 살다 보면
만나는 사람들은
사돈에 팔촌

초록빛 사랑

초록빛 바다 한가운데
외로이 떠 있는 외딴 성
토목 일하는 남편과
화가 아내가 살고 있다

회색빛 빌딩 숲보다
초록빛을 사랑하여
넓은 들녘에 성 쌓고
앞뜰에 아기자기한 꽃밭
뒤뜰엔 부드러운 금잔디
자그마한 텃밭을 가꾸며
신뢰를 키우고
믿음을 쌓아가며 살고 있다

초록빛에 영그는 사랑
초록빛 물감 속에 물들어
초록빛이 된 사람들
초록빛 행복 키우며 산다

추억 1

그대가 떠나간 자리에는 아직도 식지 않은 온기가
지난날의 추억을 기억해 주는 밤
하늘에는 별들이 나뭇잎 사이에서 술래잡기한다

그대와 처음 만났을 때 높은 하늘 유난히도 밝은 달밤
공기 맑은 시골 동산에 올라 풋풋한 사랑을 흉내 내며
한적한 산 밑 양지바른 땅에 집을 짓는 꿈을 키웠다

첫사랑은 헤어진다는 속설을 믿지 않으려 손을 꼭 잡고
서로의 감정을 세월에 섞어 그리움을 가슴에 넣어주며
이별이란 아픔을 겪지 않으려 무던히도 애를 썼다

언제까지나 그 사랑이 영원할 것이라는 믿어온 세월

죽는 날까지 함께하자고 가슴에 손을 얹은 맹세
굳게 다짐한 둘만의 약속은 낙엽처럼 바람에 날아갔다

내 가슴에 사랑을 불붙이고 아픔을 겪게 해준 그님
사랑은 감정이고 결혼은 현실이란 것을 깨닫게 해주고
잊지 못할 추억을 가슴 깊이 담아놓고 홀연히 떠나갔다

추억 2

살아오며 남긴 흔적
기억 저편 엮어본다

초지일관 그 자리에
변함없는 자연 섭리

가슴안에 쌓아 올린
낭만 어린 인생 역정

연기자가 따로 있나
세상 살면 주연배우

알콩달콩 정 쌓으며
그려보는 옛이야기

풍경화

봄이 익어가는 언덕에 올라섰다

강물 속으로 흘러가던 흰 구름
바람결에 이끌려 다가오고
녹음이 밀려오는 풀밭에 앉아
그림을 그린다

화폭에는
그녀의 머릿결처럼 흩날리는
켄터키 블루그라스
물가 풀섶에서 사랑에 빠진
고래만한 잉어
보리밭 이랑에 새들어 사는
높은 하늘 종달새
추억을 엮어가며 강변을 걷는
젊은 청춘
마지막으로
저녁놀에 붉어지는 구름 아래
붉은 태양 붓으로 살짝 찍는다

사랑이 익어가는 인생길

초판 1쇄 인쇄일 2024년 8월 28일
초판 1쇄 발행일 2024년 9월 4일

지 은 이 | 진영학
펴 낸 이 | 진영학
기획·편집 | 진혜지

펴 낸 곳 | 초승달 글방
출판등록 | 제391-2024-000007
주   소 | 경기도 평택시 점촌로 9번길 18(서정동)
대표전화 | 010-3895-9510
이 메 일 | jinpaesong@naver.com

ISBN | 979-11-988832-7-8

*저작권법에 의해 보호받는 저작물이므로 저자와 출판사의 동의 없이 내용의 일부를 인용하거나 발췌하는 것을 금합니다
*파손된 책은 구입처에서 교환해드립니다